Schreiben – kinderleicht 3

Aufsätze planen, aufschreiben, überarbeiten

3. Schuljahr

Iris Bochmann
Reinhard Bochmann
Marita Koblenz-Lüschow
Marita Schims
Angelika Steck-Lüschow

Schroedel

Inhaltsverzeichnis

			Seite
	1	Von Ferienerlebnissen berichten	3
	2	Märchen raten und erfinden	9
	3	In Kunstwerken Geschichten entdecken	15
	4	Ein Pfefferkuchenhaus bauen	21
	5	Weihnachtswünsche sammeln	27
	6	Eine Sachkartei über Haustiere erarbeiten	33
	7	Kalendergeschichten schreiben	39
	8	Ein Tagebuch führen	45
	9	Eigene Ideen zu einem Buch aufschreiben	51

Wörterliste 57

Lernzielübersicht 63

ISBN 3-507-**54064**-9

© 1990 Schroedel Verlag GmbH, Hannover

Alle Rechte vorbehalten. Dieses Werk sowie einzelne Teile desselben sind urheberrechtlich geschützt. Jede Verwertung in anderen als den gesetzlich zugelassenen Fällen ist ohne vorherige schriftliche Zustimmung des Verlages nicht zulässig.

Druck A¹⁰ ⁹ / Jahr 1999

Alle Drucke der Serie A sind im Unterricht parallel verwendbar.
Die letzte Zahl bezeichnet das Jahr dieses Druckes.

Illustrationen: Zora Davidović
Illustrationen Seite 15, 17, 18 links: Katharina Joanowitsch
Druck: klr mediapartner GmbH & Co. KG, Lengerich

Gedruckt auf Papier, das nicht mit Chlor gebleicht wurde. Bei der Produktion entstehen keine chlorkohlenwasserstoffhaltigen Abwässer.

Name _____ Klasse _____

 1 Von Ferienerlebnissen berichten   **Planen 1**

Familie Schneider hat in diesem Jahr ihren Urlaub auf dem Bauernhof verbracht. Den Kindern, Silke, Simone und Sven, hat es sehr gefallen.

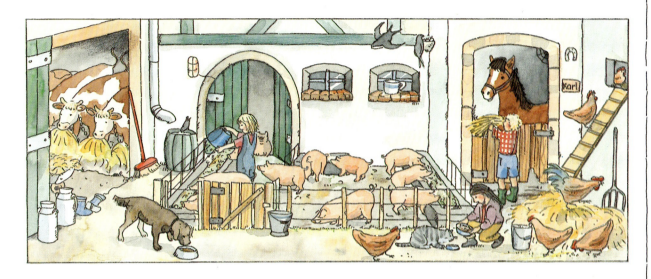

① Schreibe auf, welche Tiere die Kinder auf dem Bauernhof versorgt haben.

② Beschreibe, was sie jeden Tag mit den Tieren tun mussten.

Name _____ Klasse _____

 1 Von Ferienerlebnissen berichten   **Planen 2**

Jeden Morgen fütterten die Kinder die Tiere des Bauernhofes. Doch einmal geschah etwas Überraschendes.

① Notiere Stichwörter zu diesem Erlebnis.

Name _____ Klasse _____

 1 Von Ferienerlebnissen berichten | **Aufschreiben 1**

Wie du siehst, gab es eines Tages ein großes Durcheinander auf dem Bauernhof.

① Überlege dir zu jedem Bild Stichwörter.

dem Pferd Heu geben,

für die Hühner Körner ausstreuen,

der Katze Milch geben,

Name _____ Klasse _____

 1 **Von Ferienerlebnissen berichten** **Aufschreiben 2**

① Schreibe das Ferienerlebnis der Kinder auf.

Name _____   Klasse _____

 1 Von Ferienerlebnissen berichten   **Überarbeiten**

Katrin hat auch in den Ferien ein kleines Abenteuer erlebt.

Eines Morgens spielten Katrin und ihre Freunde Thilo und Philip auf einer Wiese Fußball. Katrin war der Torwart. Sie machte einen kräftigen Abstoß und schoss den Ball über den Zaun auf die Nachbarwiese. Schnell kletterte sie über den Zaun, um den Ball zurückzuholen. Plötzlich kam ein wilder Stier auf sie zugerannt. Mit Mühe und Not erreichte Katrin den Zaun und brachte sich in Sicherheit.

① Schreibe Katrins Erlebnis in der Ich-Form auf.

MEIN FERIENERLEBNIS

Name _____ Klasse _____

2 Märchen raten und erfinden

Planen 1

"... die guten ins Töpfchen, die ..."

"Königstochter jüngste, mach ..."

"Ach, wie gut, dass niemand ..."

"knusper, knusper, knäuschen, wer ..."

① Wie heißen die Märchen? Notiere ihre Namen.

② Schreibe die Märchensprüche vollständig auf.

☐ : „ ☐ "
Hexe: .

☐ : „ ☐ "
☐ .

☐ : „ ☐ "
☐ .

☐ : „ ☐ "
☐ .

9

Name _____ Klasse _____

 2 Märchen raten und erfinden   Planen 2

Karin versucht ein Märchenpuzzle zusammenzusetzen.

Es waren einmal ein König und eine Königin.
Die hatten ein Kind.
Es hieß Dornröschen.

Am 15. Geburtstag traf Dornröschen eine alte Frau mit einer Spindel.
Dornröschen stach sich in den Finger.
Alle im Schloss schliefen ein.

Dornröschen wurde schön und klug.
Der König ließ aus Angst alle Spindeln aus dem Land wegschaffen.

Die 12. Fee aber verwandelte den Fluch in einen langen Schlaf.

Zum Tauffest wurde die 13. Fee nicht eingeladen.
Sie kam aber trotzdem und verwünschte Dornröschen.
Es sollte durch eine Spindel sterben.

① Kannst du die Puzzleteile in die richtige Reihenfolge bringen?

② Wie endet das Märchen? Schreibe das letzte Puzzleteil selber.

2 Märchen raten und erfinden **Aufschreiben 1**

Ein gemaltes Märchen.

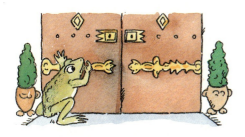

① Schreibe das Märchen vom Froschkönig.

Name _____ Klasse _____

2 Märchen raten und erfinden

Aufschreiben 2

Peter und sein Freund haben sich Stichwörter für ein anderes Märchen vom Froschkönig ausgedacht.

schöner Froschprinz, Spielzeug verloren

armes Mädchen, Kugel zurückgeben

ins Wasser tauchen, Mädchen vergessen

traurig, hinterherspringen, anklopfen

Versprechen einhalten, am Froschtisch sitzen, gemeinsam essen

sich verwandeln, schöne Froschprinzessin, glücklich

① Bestimmt kannst du mit diesen Stichwörtern das lustige Märchen selber aufschreiben.

Name _____ Klasse _____

2 Märchen raten und erfinden

Überarbeiten

Kai hat eine Geschichte geschrieben. Aber es ist kein Märchen geworden.

Gestern verliefen sich zwei Kinder im Wald. Sie kamen zu einem Haus. Dort wohnte eine Frau. Die sperrte Hänsel in einen Stall. Der Ofen wurde angeheizt. Die Frau steckte ihren Kopf hinein. Da gab ihr Gretel einen Stoß. Die Frau starb. Gretel befreite ihren Bruder. Sie verließen den Wald.

① Sicher kannst du die Geschichte zu einem Märchen umschreiben.

13

3 In Kunstwerken Geschichten entdecken   Planen 1

Der Sonnenvogel   Ferien im Land der Riesenvögel

Die verzauberte Freundin   Ein Sommertraum

① Hast du auch Ideen für eine Geschichte?
Schreibe deine Überschriften auf.

Name _____ Klasse _____

 3 In Kunstwerken Geschichten entdecken | Planen 2

Wortsammlung

Nomen (Namenwörter)	**Verben (Tuwörter)**	**Adjektive (Wiewörter)**
Sonne	verzaubern	gefährlich
Sommer	träumen	hoch
Riesenvogel	helfen	riesig

① Eine Wortsammlung kann eine gute Hilfe für das Schreiben von Geschichten sein. Vervollständige die Liste mit anderen Nomen (Namenwörter), Verben (Tuwörter) und Adjektiven (Wiewörter).

Name _____ Klasse _____

 3 In Kunstwerken Geschichten entdecken **Aufschreiben 1**

① Schreibe deine Geschichte, die dir zu diesem Bild einfällt.

Name _____ Klasse _____

3 In Kunstwerken Geschichten entdecken — Aufschreiben 2

 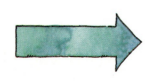 

Unser erster Sieg

Ich und meine Freunde Karl und Toni sind in einem Radrennverein. Im Sommer fahren wir als Mannschaft viele Radrennen mit. Leider werden wir aber meistens Letzte. Doch in einem Rennen hatten wir unverschämtes Glück. Und das geschah so: Toni und mir ging schon wieder die Puste aus. Wir strampelten auf unseren Rädern, so gut es ging. Aber wir waren trotzdem alle drei am Ende des Feldes. Karl wollte sogar schon aufgeben. Da hörten wir über uns in der Luft ein lautes Flügelschlagen …

① Erzähle den Fortgang der Geschichte.

Name _____ Klasse _____

3 In Kunstwerken Geschichten entdecken — Überarbeiten

Sandra hat eine Geschichte über den Riesenvogel und das Mädchen geschrieben. Ihre Lehrerin, Frau Keller, hat ihr Vorschläge zum Verbessern gegeben.

er
die Taube
segelte
wir
sie
das Tier
Tira, die Taube

Ich hielt mich an den Flügeln des Vogels fest. Der Vogel erhob sich in die Luft und flog der warmen Sonne entgegen. Der Vogel flog über Wiesen, Wälder und Berge. Dann erreichten der Vogel und ich ein seltsames Land. Alles war dort viel größer als bei uns zu Hause. Der Vogel setzte mich im Wipfel eines riesigen Baumes ab.

Liebe Sandra!
Einige Wörter hast du oft wiederholt.
Versuche sie durch andere Wörter zu ersetzen.

① Ersetze die Wörter in den bunten Kästchen und schreibe den Text verbessert auf.

Name _____ Klasse _____

4 Ein Pfefferkuchenhaus bauen

Planen 1

Silke und Björn wollen ein Pfefferkuchenhaus aus Lebkuchen und anderen süßen Sachen bauen. Sie überlegen, welche Zutaten sie dazu brauchen.

- Lebkuchen oder Honigkuchen
- Puderzucker
- Schokoladenlinsen
- Gummibärchen

- Plätzchen
- Mandelsplitter
- Schokoladenplätzchen mit Streuseln

① Stelle den Einkaufszettel von Silke und Björn zusammen. Vielleicht fallen dir noch andere Zutaten ein.

Einkaufszettel

Name _____ Klasse _____

4 Ein Pfefferkuchenhaus bauen

Planen 2

Silke und Björn haben Zutaten für ein Pfefferkuchenhaus gekauft.
Als Kleber benutzen sie Zuckerguss.

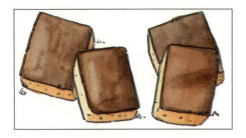

4 gleiche Lebkuchen- oder Honigkuchenstücke bereitlegen

Zuckerguss anrühren

Hausteile zusammenkleben

Dach ankleben

Haus verzieren

① Schreibe auf, wie man das Pfefferkuchenhaus baut.

Name _____ Klasse _____

 4 Ein Pfefferkuchenhaus bauen | **Aufschreiben 1**

- Mandelsplitter
- Gummibärchen
- bunte Streusel
- Schokoladenstreusel
- Schokoplätzchen mit bunten Streuseln
- Weihnachtsplätzchen

① Beschreibe das Pfefferkuchenhaus.

Hauswand · Fenster · Tür · Dach · Seitenwand · Dachziegel · Fensterladen

MEIN PFEFFERKUCHENHAUS

Mein Pfefferkuchenhaus hat...

Name _____ Klasse _____

4 Ein Pfefferkuchenhaus bauen

Aufschreiben 2

| Dach ankleben |
| Zuckerguss anrühren aus 250 g Puderzucker und 3 Esslöffeln Wasser |
| 4 gleiche Teile Lebkuchen oder Honigkuchen bereitlegen |
| Hausteile zusammenkleben |
| Haus verzieren |

Liebe Oma,
ich habe mit Björn ein Pfefferkuchenhaus gebaut. Du wirst dich wundern, wie einfach es ist. Es geht so:

① Kannst du Silkes Brief an die Oma zu Ende schreiben?
Achte darauf, dass du die einzelnen Arbeitsschritte für das Pfefferkuchenhaus in der richtigen Reihenfolge notierst.

Name _____ Klasse _____

 4 Ein Pfefferkuchenhaus bauen | Überarbeiten

**Anleitung für den Bau
eines Pfefferkuchenhauses**

Zuerst muss er in vier gleiche Teile geschnitten
werden. Für die weitere Arbeit rührt man ihn
aus 250 g Puderzucker und 3 Esslöffeln
Wasser an. Dann werden sie als Haus
zusammengeklebt. Als nächstes klebt man
sie schräg auf das Haus. Mit ihnen kann
man es verzieren.

- zwei Kuchenteile
- den Zuckerguss
- die zwei Dachteile
- Plätzchen und Süßigkeiten
- der Pfefferkuchen

In dieser Anleitung weiß man nicht genau, worum es geht.
Viele Teile des Pfefferkuchenhauses sind nicht richtig benannt.

① Schreibe die Anleitung genauer auf.
Die Nomen (Namenwörter) in dem Pfefferkuchenhaus helfen dir.

25

MEINE ANLEITUNG FÜR

Name _____ Klasse _____

 5 Weihnachtswünsche sammeln | **Planen 1**

Ulis Weihnachtswünsche:

① Schreibe auf, was Uli sich wünscht.

Andreas Weihnachtswünsche kann man nicht kaufen:

② Was wünscht sich Andrea?

27

Name ______________________ Klasse ________

5 Weihnachtswünsche sammeln

Planen 2

Lisa hat viele Ideen für ihren Wunschzettel:

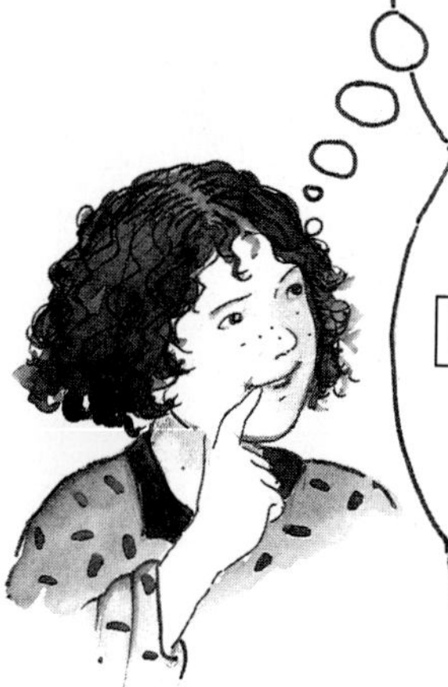

Es wäre phantastisch

Ich wünsche mir sehr

öfters eine Kissenschlacht zu machen.

Mein größter Wunsch ist es

am Sonntag mit euch Karten zu spielen.

Es wäre schön

mit Papa oder Mama einmal in der Woche schwimmen zu gehen.

Toll wäre

mit Papa etwas zu basteln.

einmal eine ganz lange Radtour zu machen.

① Sicher kannst du Lisas Wunschzettel aufschreiben.

5 Weihnachtswünsche sammeln | Aufschreiben 1

① Du hast bestimmt auch Wünsche, die man mit Geld nicht kaufen kann. Male sie.

② Schreibe einen Wunschzettel mit deinen kostenlosen Weihnachtswünschen.

Meine unbezahlbaren Weihnachtswünsche

Name _____ Klasse _____

5 Weihnachtswünsche sammeln

Aufschreiben 2

Drei Kinder an ganz verschiedenen Stellen der Erde warten auf Weihnachten.

① Schreibe auf, was sich eines der Kinder wohl zu Weihnachten wünschen könnte.

Fotos: © K. H. Melters – MISSIO, Aachen. Die Kinder sind in Afrika, Nordamerika und Südamerika zu Hause.

Name _____ Klasse _____

 5 **Weihnachtswünsche sammeln** | **Überarbeiten**

Liebe Mama, lieber Papa!

Ich wünsche mir, dass Papa einmal mit mir alleine angeln geht.
Ich wünsche mir, einmal eine lange Radtour mit euch zu machen.
Ich wünsche mir, dass wir jede Woche einmal schwimmen gehen.
Ich wünsche mir, dass wir öfters ein schönes Spiel zusammen spielen.
Ich wünsche mir, einmal im Zelt wie die Indianer zu leben.
Euer Enrico

① Bestimmt hast du es gemerkt: In Enricos Wunschzettel beginnt jeder Satz gleich. Überarbeite den Wunschzettel mit abwechslungsreichen Satzanfängen.

- Mein Traum wäre es,
- Es wäre schön,
- Gerne möchte ich,
- Auch hätte ich sehr gerne,
- Ganz toll wäre es,

31

MEINE WEIHNACHTSWÜNSCHE

Name _____ Klasse ____

6 Eine Sachkartei über Haustiere erarbeiten — Planen 1

Die Kinder der Klasse 3b haben im Sachunterricht über die Haltung und Pflege von Haustieren gesprochen. Dabei haben sie festgestellt, dass man sich vor dem Kauf eines Tieres erst informieren muss. Sie wollen deshalb eine Sachkartei über Haustiere erstellen.

① Kannst du erklären, was ein Haustier ist?

② Schreibe eine Liste von Tieren, die sich als Haustiere für Kinder eignen.

Name _____ Klasse _____

 6 Eine Sachkartei über Haustiere erarbeiten   Planen 2

Maria hat zu Hause ein Kätzchen, Torsten besitzt einen Dackel.

① Schreibe über ein Haustier, das du kennst.

② Male das Haustier, wie du es beschrieben hast.

Name _____ Klasse _____

 6 Eine Sachkartei über Haustiere erarbeiten | **Aufschreiben 1**

Eine Gruppe von Kindern plant, wie eine Sachkartei über Haustiere aussehen kann. Sie sammeln zunächst Fragen.

Fragebogen

Name des Tieres: _____

Aussehen

1. _____

Pflege

2. _____

Ernährung

3. _____

Verhalten

4. _____

① Überlege dir Fragen für die Sachkartei und trage sie ein.

35

Name _____ Klasse _____

 6 Eine Sachkartei über Haustiere erarbeiten | Aufschreiben 2

Katrins Gruppe hat einen Vorschlag erarbeitet, wie eine Karte der Sachkartei aussehen kann.

Sachkartei

Name des Tieres: _____

Aussehen: _____
_____
_____

Verhalten: _____
_____
_____

Ernährung: _____
_____
_____

Pflege: _____
_____
_____

① Suche dir ein Haustier aus und schreibe dafür eine Karteikarte. Du kannst dich in einem Tierbuch genau darüber informieren oder dich bei deinen Eltern erkundigen.

Name _____ Klasse _____

 6 Eine Sachkartei über Haustiere erarbeiten | Überarbeiten

Kim hat zu seinem Geburtstag einen Goldhamster bekommen. Er füllt für die Sachkartei seiner Klasse eine Karteikarte aus.

plump   sauber   weich   frisch   groß   munter   weiß

zart   lustig   lang   schwarz   regelmäßig   braun   winzig   tief

Name des Tieres: GOLDHAMSTER

Aussehen: Der Goldhamster hat einen ☐ Körper und ein ☐ Fell. Der Kopf und der Rücken sind ☐, die Bauchseite ist ☐. Durch die ☐ Knopfaugen und die ☐ Barthaare sieht er ☐ aus. Er besitzt ein ☐ Schwänzchen und ☐ Backentaschen.

Verhalten: Der Hamster ist ein Einzelgänger. Am Tage schläft er ☐, aber in der Nacht wird er ☐.

Ernährung: Das Tier frisst Körner, Möhren, Salat und ☐ Löwenzahnblätter. Täglich muss der Hamster ☐ Wasser haben.

Pflege: Der Käfig des Goldhamsters und das Schlafhaus müssen stets ☐ sein. Auch die Futternäpfe sollen ☐ gereinigt werden.

① Setze in die Lücken treffende Adjektive (Wiewörter) ein.

EINE SACHKARTEI

SACHKARTEI → HAUSTIERE

Tiername:

Aussehen:

Verhalten:

**Ernährung/
Pflege:**

SACHKARTEI →

_____ :

_____ :

_____ :

_____ :

Name _____ Klasse _____

 7 Kalendergeschichten schreiben   Planen 1

Die Klasse 3b möchte einen Jahreskalender herstellen. Zwei Fragen überlegen die Kinder gemeinsam:
– Wie heißen die Monate des Jahres?
– Welche Monate gehören zu den verschiedenen Jahreszeiten?

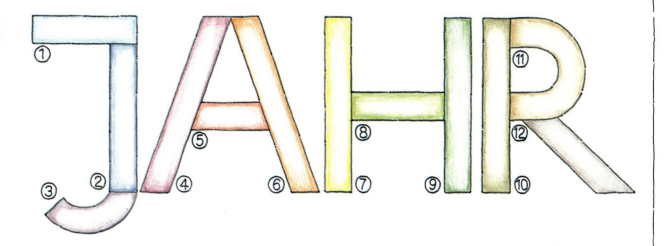

① Trage die Monate des Jahres in der richtigen Reihenfolge ein.

② Welche Monate gehören zu den Jahreszeiten? Ordne die Monate richtig zu. Du kannst in einem Kalender nachsehen.

Name _____ Klasse _____

 7 **Kalendergeschichten schreiben** **Planen 2**

Sebastian schlägt vor zu jedem Monat das Wichtigste zu notieren.

Januar

Am 1. Januar beginnt ein neues Jahr.

Februar

Der Februar ist der lustigste Monat von allen.

Dann feiern wir

März

April

① Was ist für dich in jedem Monat das Wichtigste? Schreibe deine Gedanken auf.

Name _____ Klasse _____

 7 **Kalendergeschichten schreiben** | **Aufschreiben 1**

Einige Kinder haben Vorschläge gemacht, was man noch zu den Monaten des Jahres schreiben kann. Sie wollen nämlich einen Jahreskalender mit Bildern und eigenen Texten herstellen.

Das wünsche ich mir im Januar:

viel Schnee, um Schlitten zu fahren
um Schneemänner zu bauen

Ist der Januar frostig und kalt,
kommt der Februar bald.

Im Januar freue ich mich auf:

Eis **Schnee** **Sternsingen**

① Denk dir auch Sprüche für die Monate des Jahres aus.

Januar

Februar

41

Name _____ Klasse _____

 7 **Kalendergeschichten schreiben** | **Aufschreiben 2**

April:

Juli:

Oktober:

Dezember:

Name _____ Klasse _____

 7 Kalendergeschichten schreiben   **Überarbeiten**

Eine Gruppe von Kindern hat für den Jahreskalender Reimsprüche erfunden.

① Suche die Reimwörter und verbinde sie miteinander.

- Im Januar ist richtig . . . .
- Das erfreut besonders die . . . .

- Kommt im Juli die Sonne . . . . . .
- hält mich nichts mehr im . . . . .

- Der Monat . . . . .
- macht was er . . . . .

- Im Oktober, wenn im Wind die Äste . . . . ,
- ist es Zeit für meinen . . . .

- Den Februar kann ich gut . . . .
- Dann werde ich mich als Ritter . . . .

② Schreibe die Sprüche mit den passenden Reimwörtern auf.

Name _____ Klasse _____

 8 Ein Tagebuch führen   **Planen 1**

Alexandra stöbert auf dem Speicher in alten Kisten. Sie findet ein vergilbtes Heft, das Tagebuch ihrer Mutter.

Alexandra beginnt ebenfalls mit einem Tagebuch.

① Wie könnte die erste Seite in Alexandras Tagebuch aussehen?
Schreibe den Text auf. Du darfst die angegebenen Satzanfänge verwenden oder dir andere überlegen.

Berlin, den _____

Heute entdeckte ich ...

Darin stand ...

Ich fragte Mutti: ...

Sie ...

Name _____ Klasse _____

8 Ein Tagebuch führen

Planen 2

Erik und Michael sind Zwillinge. Sie tun fast alles gemeinsam. Beide führen ein Tagebuch. Doch das sieht sehr verschieden aus.

Erik schreibt:

Frankfurt, den _____
Heute morgen bin ich um 7.00 Uhr aufgestanden.

Michael schreibt:

Frankfurt, den _____
Mensch, war ich heute morgen wieder müde.

In der Schule bekamen wir unser Diktat zurück. Ich hatte nur drei Fehler.

In der Schule brauchte ich mich nicht zu prügeln. Herr Kern gab wieder zu viel auf.

Am Nachmittag...

Das war Klasse, ...

① Welche Art der Tagebuchführung gefällt dir besser?
Schreibe auf die eine oder andere Weise das Tagebuch für den Nachmittag zu Ende.

Name _____ Klasse _____

 8 Ein Tagebuch führen   Aufschreiben 1

Maria erinnert sich an Ereignisse des Tages.
Zu jedem Tagesabschnitt will sie einige Sätze in ihr Tagebuch schreiben.

① Wähle aus. Was würdest du an Marias Stelle ins Tagebuch eintragen?

Frühstück – Schultasche packen

Ich suchte mein Mäppchen.

Der Kakao hatte wieder diese eklige Haut.

Sachkundetest – Wochenplanarbeit – Musikunterricht

Ob der Test gut ausgefallen ist? Marcel hat geweint.

Der neue Musiklehrer war lustig.

Name _____ Klasse _____

 8 Ein Tagebuch führen   **Aufschreiben 2**

Mittagessen – Hausaufgaben –
Telefongespräch mit Jens

Mutti hatte leckere Nudeln gekocht.

Die Verabredung mit Jens war eine gute Idee.

Schwimmen mit Jens –
1 DM verloren

Das war ein teurer Nachmittag.

Man sah, dass Jens im Schwimmverein ist.

Tagebuch führen macht Spaß. Wie werde ich in genau einem Jahr den Tag verbringen?

Name _____ Klasse _____

8 Ein Tagebuch führen — Überarbeiten

Christina hat ein besonderes Erlebnis in ihr Tagebuch eingetragen.

Münster, den _____

Gestern _____ Manuel seinen
         feiern

Geburtstag. Anna, Marcel und ich

_____ eingeladen. Es
  sein

_____ eine gruselige Über-
  geben

raschung. Wir _____ uns alle
               müssen

als Vampire verkleiden. Danach

_____ wir Blutorangen aus
  pressen

und _____ den Saft, um in
    trinken

Stimmung zu kommen. Dann

_____ sich Manuels Eltern. Ich
  verstecken

_____ die beiden im Garten-
  finden

haus. Als Preis _____ ich ein
                 bekommen

Buch vom kleinen Vampir. Anschließend

_____ es nur rote Speisen und
  geben

rote Getränke.

① Wie heißen die Verben (Tuwörter) in der Vergangenheitsform? Sieh in der Wörterliste nach, wenn du unsicher bist, wie ein Wort geschrieben wird.

MEIN TAGEBUCH

Ort, Datum

Name _____ Klasse _____

9 Eigene Ideen zu einem Buch aufschreiben — Planen 1

Wer ist Carola Huflattich?
Genau erfährst du das durch ein Buch.
　　　　　　　　　　Es heißt:

So beginnt es:
Carola Huflattich hatte mehrere Leidenschaften. Sie spielte Fußball, bekritzelte die Wände und dachte so ungeheuer nach, dass es krachte.*

Im Buch wird Carola als vorlautes Lausemädchen beschrieben. Sie verachtet hübsche Kleider und trägt lieber Jeans. Bis auf die Sportstunden findet sie den Unterricht langweilig. Ihre Noten sind fast immer schlecht. Allerdings ist Carola Expertin im Nachdenken, aber dieses Fach gibt es leider in der Schule nicht.

- Hausaufgaben, ich habe ganz andere Probleme.*
- Warum legen die Hühner eiförmige Eier und nicht viereckige?*
- Ich muss ein Gespenst finden, das für mich in die Schule geht.

① Erfinde Gedanken, die von Carola stammen könnten.

*Peter Abraham: Das Schulgespenst. © Text: Der Kinderbuch-Verlag, Berlin – Ost, 1978. S. 5 und 7.
© Titelillustration von Hansjörg Langenfass. Ravensburger Buchverlag: Otto Maier 1987.

9 Eigene Ideen zu einem Buch aufschreiben — Planen 2

Carola hat Glück. Es ist der 13. Mai, der Weltgespenstertag. Sie trifft das Schulgespenst Buh. Die beiden tauschen die Gestalt. Während Carola von nun an als Gespenst herumschwebt, verwandelt sich das richtige Gespenst in Carola Huflattich.

Zu Carolas Entsetzen unternimmt das Gespenst alles, um den Erwachsenen zu gefallen. Es ist nicht faul und vorlaut wie Carola, sondern fürchterlich fleißig, bekommt lauter Einsen, macht alles, was dem Lehrer gefällt, spielt mit Puppen, dreht sich Löckchen, ...
Kurz – Carolas guter, schlechter Ruf ist in Gefahr.

So denkt die Gespenstercarola:

> Ich will ein ordentliches, kleines Mädchen sein.

> Wenn meine Mitschüler etwas anstellen, sage ich das selbstverständlich den Lehrern.

> Beim Fußballspielen macht man sich nur schmutzig. Igitt, igitt!

① Welche Gedanken könnten außerdem im Kopf der Gespenstercarola herumgeistern?

② Was meinst du, ist die neue Carola in ihrer Klasse beliebt?

Name _____ Klasse _____

9 Eigene Ideen zu einem Buch aufschreiben | Aufschreiben 1

Als Gespenst kann Carola dünn wie ein Faden werden, im Dunkeln sehen und natürlich schweben. Carola hieße nicht Huflattich, wenn sie das nicht ausnützen würde.

Während andere Kinder fleißig arbeiten, schwebt Carola zur großen Schuluhr und stellt sie eine halbe Stunde vor.

Abends, Hausmeister Potter hatte die Schule schon abgeschlossen, fliegt das Gespenst Carola zum Klavier und spielt mit Wonne auf dem Flügel.

① Beschreibe einen der Streiche und schildere, was danach geschehen könnte.

53

Name _____   Klasse _____

 9 Eigene Ideen zu einem Buch aufschreiben | **Aufschreiben 2**

Nachts, Carola gespenstert gerade in der Schule herum, trifft sie zur Geisterstunde einen Gespensterkollegen, das Druckfehlerteufelchen.

Es stellt sich vor:
Mein verwehrtes Schulgespenst, ich bin das Dreckfuhlerteufelchen.
Meine Spezialität ist das Wechstabenverbuchseln. Du verstehst, ich verwandle Fußballer in Bußfaller. Oder ich mache aus Kinderrufe Rinderkufe. Aber es gibt natürlich noch andere Köglichmeiten.

① Hast du das verstanden? Dann priebore, ich meine probiere, es selbst:

Schulgespenst	

Name _____   Klasse _____

 9 Eigene Ideen zu einem Buch aufschreiben | Überarbeiten

Nach und nach merkt Carola, dass ihr Gespensterdasein auch erhebliche Nachteile hat. Ihr Freund Willi zeigt Mitgefühl. Er möchte ihr eine Freude bereiten.

„Au, du bist ja super",

„Für dich",

„Ich mag kein Eis."

„Ich verstehe, du kannst nichts dafür."

Als guter Freund weiß Willi, dass Carola Eis über alles liebt, „ 🦔 ", sagt er und streckt ihr eine Eiswaffel entgegen. „ 🦔 ", schreit Carola begeistert. Das Eis sieht lecker aus, aber sie schmeckt rein gar nichts. Carola reicht Willi die Waffel zurück und sagt: „ 🦔 ." Dabei schaut sie verlegen zu Boden. Zuerst ist Willi empört, aber dann meint er: „ 🦔 ." Er hat begriffen, dass Gespenster weder Hunger noch Durst haben.

① Ordne das, was die Kinder sagen, richtig in den Text ein.

② Schreibe nun den Text mit der wörtlichen Rede vollständig ab.

MEIN LIEBLINGSBUCH

Wörterliste

A a

der **Abend,** die Abende
aber
der **Absender,**
die Absender
der **Acker,** die Äcker
die **Adresse,**
die Adressen
alle
als
am
an
angeln, sie angelt
die **Angst,** die Ängste
ängstlich
ankleben, er klebt an
anklopfen,
sie klopft an,
er klopfte an
anrühren, er rührt an
antworten,
er antwortet
der **Apfel,** die Äpfel
die **Apfelsine,**
die Apfelsinen
der **April**
die **Arbeit,** die Arbeiten
arbeiten, sie arbeitet
arm
das **Aschenputtel**
der **Ast,** die Äste
auch
auf
aufmachen,
sie macht auf,
er machte auf
aufsteigen,
er steigt auf
das **Auge,** die Augen
der **August**
aus
ausdenken,
sie hat sich ausgedacht
auseinander
schneiden,
sie schneidet
auseinander
der **Ausflug,** die Ausflüge
ausführen,
er führt aus
aussehen,
es sieht aus
das **Auto,** die Autos

B b

backen, er backt,
sie hat gebacken
der **Backofen,**
die Backöfen
das **Backpulver**
der **Ball,** die Bälle
die **Banane,** die Bananen
der **Bär,** die Bären
das **Barthaar,**
die Barthaare
basteln, sie bastelt
bauen, sie baut
der **Bauer,** die Bauern
die **Bäuerin,**
die Bäuerinnen
der **Bauernhof,**
die Bauernhöfe
beginnen, er beginnt
bekommen,
er bekommt,
ich bekam
bemerken, er bemerkt
der **Berg,** die Berge
besitzen, er besitzt
besuchen, er besucht
das **Bett,** die Betten
bewegen,
sie bewegt sich
die **Birne,** die Birnen
bitter
bitterkalt
blasen, er bläst
das **Blatt,** die Blätter
blühen, sie blüht
die **Blume,** die Blumen
das **Blut**
die **Blutorange,**
die Blutorangen
brauchen,
du brauchst
das **Brettchen,**
die Brettchen
bunt
die **Burg,** die Burgen
bürsten, sie bürstet
die **Butterbrotdose,**
die Butterbrotdosen

C c

die **Cornflakes**

D d

das **Dach,** die Dächer
danach
dann
das
dem
den
denn
der
der **Dezember**
dich
die
der **Dieb,** die Diebe
dir
das **Dornröschen**
der **Drachen,** die Drachen
du
dumm, dummerweise
dünn,
dünn wie ein Faden
durch
das **Durcheinander**

E e

ein

der **Einbrecher,**
die Einbrecher
einfetten, er fettet ein
einladen,
ihr seid eingeladen
einmal
das **Eis**
die **Eisenbahn,**
die Eisenbahnen
die **Eltern**
endlich
entdecken,
er entdeckt
er
erblicken, du erblickst
die **Erdbeere,**
die Erdbeeren
ereignisreich
erfreuen, er erfreut
sich **erheben,**
sie erhebt sich
sich **erinnern,**
sie erinnert sich,
er erinnerte sich
erleben, sie erlebt
das **Erlebnis,**
die Erlebnisse
ernähren, sie ernährt
erschöpft
erschrocken
es
essen, er isst, sie aß
der **Esslöffel,** die Esslöffel
etwas
euch

F f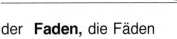

der **Faden,** die Fäden
fahren, du fährst
das **Fahrrad,**
die Fahrräder
die **Familie,** die Familien
fangen, sie fängt
farbig
der **Februar**
die **Feder,** die Federn
die **Fee,** die Feen
der **Fehler,** die Fehler
feiern, sie feiert,
wir feierten
das **Feld,** die Felder
das **Fell,** die Felle
der **Fensterladen,**
die Fensterläden
die **Ferien**
das **Ferkel,** die Ferkel
das **Fest,** die Feste
fett
finden, er findet,
sie fand
die **Fliege,** die Fliegen
fliegen, sie fliegt
fliehen, er flieht
der **Flügel,** die Flügel
der **Fluss,** die Flüsse
fragen, er fragt
sich **freuen,** ich freue mich,
wir freuten uns
freundlich
froh
der **Frosch,** die Frösche
der **Froschkönig**
frostig
der **Fruchtjoghurt**
früh
Frühling
für
der **Fußball,** die Fußbälle
das **Fußballspiel,**
die Fußballspiele
das **Futter**
füttern, er füttert
der **Futternapf,**
die Futternäpfe

G g

die **Gans,** die Gänse
ganz
gar nichts
der **Garten,** die Gärten
das **Gatter,** die Gatter
geben, du gibst,
es gab
der **Geburtstag,**
die Geburtstage
das **Gedicht,** die Gedichte
gefährlich
das **Gefieder,** die Gefieder
das **Gehege,** die Gehege
gehen, er geht
gehorchen,
sie gehorcht
das **Geld**
gemeinsam
gemütlich
das **Gerät,** die Geräte
das **Geschenk,**
die Geschenke
gespannt,
mit Spannung
das **Gespenst,**
die Gespenster
gestern
gesund
die **Gesundheit**
das **Getreide**
gewinnen, er gewinnt,
sie gewann,
wir haben gewonnen
glatt
gleiten, sie gleitet
das **Glück**
glücklich
der **Glückwunsch,**
die Glückwünsche
die **Glückwunschkarte,**
die Glückwunsch-
karten
golden, goldene Kugel
gratulieren,
ich gratuliere
Gretel
groß
grün
das **Grünfutter**
der **Gruß,** die Grüße
das **Gummibärchen,**
die Gummibärchen
der **Gummitwist**
gut

H h

haben, du hast,
sie hätte
der **Hahn,** die Hähne
Hänsel

der **Hase,** die Hasen
das **Haus,** die Häuser
die **Hausaufgabe,**
  die Hausaufgaben
der **Hausmeister,**
  die Hausmeister
das **Hausteil,** die Hausteile
das **Haustier,**
  die Haustiere
heiraten, sie heiratet,
  er heiratete
heiß
heraus
der **Herbst**
herstellen,
  er stellt her
herzlich
das **Heu**
die **Hexe,** die Hexen
der **Hexenwald,**
  die Hexenwälder
hier
der **Himbeersaft,**
  die Himbeersäfte
der **Himmel**
hinter
hinterher
hinterherspringen,
  er springt hinterher,
  sie sprang hinterher
hochziehen,
  sie zieht sich hoch
der **Hof,** die Höfe
hoffentlich
Honig
das **Huhn,** die Hühner
der **Hund,** die Hunde

I i

ich
der **Igel,** die Igel
ihm
ihnen
ihr
im
immer
in
das **Indianerlager,**
  die Indianerläger

J j

die **Jagd**
das **Jahr,** die Jahre
jämmerlich
der **Januar**
jetzt
jubeln, sie jubelt,
  wir jubelten
der **Juli**
jung, jünger,
  am jüngsten
der **Junge,** die Jungen
der **Juni**

K k

der **Kaffee**
der **Käfig,** die Käfige
das **Kälbchen**
kalt
die **Katze,** die Katzen
die **Katzenstreu**
kaufen
kein
der **Ketschup**
das **Kind,** die Kinder
die **Kissenschlacht,**
  die Kissenschlachten
die **Kiste,** die Kisten
die **Klasse,** die Klassen
das **Klassenfest,**
  die Klassenfeste
das **Klavier,** die Klaviere
klein
klettern, sie klettert
klingeln, es klingelt
das **Kochbuch,**
  die Kochbücher
der **Kochlöffel,**
  die Kochlöffel
der **Koffer,** die Koffer
kommen, du kommst
der **König,** die Könige
die **Königin,**
  die Königinnen
die **Königstochter,**
  die Königstöchter
können, du kannst,
  er kann

der **Kopf,** die Köpfe
das **Körbchen,**
  die Körbchen
das **Korn,** die Körner
der **Körper,** die Körper
kostenlos
krachen, es kracht
kraftvoll
die **Kralle,** die Krallen
die **Küche,** die Küchen
der **Kuchen,** die Kuchen
die **Kugel,** die Kugeln
die **Kuh,** die Kühe
kühl
kunterbunt
kurz
der **Kuss,** die Küsse

L l

lang, eine lange Zeit
langsam
lassen, du lässt
die **Laterne,** die Laternen
laufen, sie läuft, er lief
laut
das **Lebkuchengewürz,**
  die Lebkuchengewürze
der **Lehrer,** die Lehrer
die **Lehrerin,**
  die Lehrerinnen
leiden, sie leidet
die **Leine,** die Leinen
leise,
  auf leisen Sohlen
lernen, ich lerne
das **Lied,** die Lieder
die **Limonade,**
  die Limonaden
links
locken, er lockt
der **Löffel,** die Löffel
die **Luft**
lustig

M m

machen, du machst
der **Mai**

man
der **Mandelsplitter,**
die Mandelsplitter
der **Mann,** die Männer
das **Märchen,** die Märchen
der **Martinszug,**
die Martinszüge
der **März**
die **Maus,** die Mäuse
das **Meer,** die Meere
das **Meerschweinchen,**
die Meerschweinchen
messen, er misst
das **Messer,** die Messer
die **Milch**
mir
mischen, du mischst,
er mischt
mit
der **Mittag,** die Mittage
mögen, ich möchte,
ich mag
die **Möhre,** die Möhren
der **Monat,** die Monate
die **Mondstation,**
die Mondstationen
der **Mund,** die Münder
die **Musik**
das **Müsli**
müssen, er muss,
wir mussten
mutig
die **Mutti,** die Mutter,
die Mütter

N n

nach
nachdenken,
sie denkt nach
nachdenklich
der **Nagezahn,**
die Nagezähne
die **Nahrung**
der **Name,** die Namen
der **Namenstag,**
die Namenstage
nass
neben
nehmen, sie nimmt,
er nahm

nett
nicht
niedlich
niemand
noch
die **Note,** die guten Noten
der **November**
nun

O o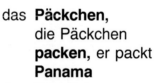

das **Obst**
der **Obstsalat,**
die Obstsalate
oder
öfters
ohne
das **Ohr,** die Ohren
der **Oktober**
ordentlich
das **Osterei,** die Ostereier

P p

das **Päckchen,**
die Päckchen
packen, er packt
Panama
der **Paprika**
die **Pause,** die Pausen,
große Pause
das **Pausenbrot,**
die Pausenbrote
der **Pfefferkuchen,**
die Pfefferkuchen
das **Pferd,** die Pferde
die **Pflanze,** die Pflanzen
pflegen, sie pflegt
phantastisch
das **Plätzchen,**
die Plätzchen
der **Pokal,** die Pokale
der **Preis,** die Preise
pressen, sie presst,
wir pressten aus
der **Prinz,** die Prinzen
die **Prinzessin,**
die Prinzessinnen
das **Programm,**
die Programme

der **Puderzucker**
die **Puppe,** die Puppen
das **Puppenhaus,**
die Puppenhäuser
der **Puppenwagen,**
die Puppenwagen
putzen, sie putzt

Q q

der **Quark**

R r

das **Rad,** die Räder
radeln, sie radelt
das **Radieschen,**
die Radieschen
die **Radtour,**
die Radtouren
rechnen, ich rechne
das **Regal,** die Regale
rein
die **Reise,** die Reisen
rennen, er rennt
das **Rennrad,**
die Rennräder
das **Rezept,** die Rezepte
riesengroß
der **Riesenvogel,**
die Riesenvögel
riesig
rutschen, er rutscht

S s

die **Sachkartei,**
die Sachkarteien
säen, sie sät
sagen, er sagt
der **Salat,** die Salate
der **Samstag,**
die Samstage
der **Sandkasten,**
die Sandkästen
sauber
scharf
schießen, er schießt,
ich schoss

schlafen, sie schläft
schlecht.
der **Schlitten,** die Schlitten
das **Schloss,** die Schlösser
das **Schlüsselloch,**
die Schlüssellöcher
schmecken,
es schmeckt,
es hat geschmeckt
schmücken,
er schmückt
schmutzig
der **Schnabel,**
die Schnäbel
die **Schnauze,**
die Schnauzen
der **Schnee**
der **Schneemann,**
die Schneemänner
schneiden,
du schneidest
schnell,
schnell wie der Wind
der **Schokoladensplitter,**
die Schokoladen-
splitter
der **Schokoladenstreusel,**
die Schokoladen-
streusel
schön
schreiben,
du schreibst
die **Schreibmappe,**
die Schreibmappen
schreien, er schreit,
sie schrie
die **Schule,** die Schulen
die **Schüssel,**
die Schüsseln
schwach
der **Schwanz,**
die Schwänze
das **Schwein,**
die Schweine
das **Schwimmbad,**
die Schwimmbäder
schwimmen,
er schwimmt,
wir schwammen
segeln, sie segelt

sehen, er sieht,
ich sah
sein, du bist, er ist,
wir waren
sein
die **Seitenwand,**
die Seitenwände
seltsam
der **September**
sich
sie
der **Sieg,** die Siege
siegen, sie siegt,
wir siegten
sitzen, er sitzt, sie saß
so
der **Sommer**
die **Sonne,** die Sonnen
der **Sonnenblumenkern,**
die Sonnenblumen-
kerne
der **Sonnenvogel,**
die Sonnenvögel
der **Sonntag,**
die Sonntage
sich **sorgen,**
sie sorgt sich
spähen, er späht
spannend
der **Spargel**
der **Spaß,** die Späße
spazieren, er spaziert,
er geht spazieren
der **Speicher,**
die Speicher
das **Spiel,** die Spiele
spielen, sie spielt,
wir spielten
die **Spielsachen**
das **Spielzeug**
die **Spindel,** die Spindeln
spitz
der **Sportunterricht**
sprechen, er spricht
der **Stall,** die Ställe
stark
steigen, er steigt
stellen, du stellst
stören, du störst,
gestört

der **Strand,** die Strände
die **Straße,** die Straßen
streichen, sie streicht
die **Streu**
streuen, er streut
der **Streusel,** die Streusel
striegeln, er striegelt
das **Stroh**
struppig
suchen, du suchst,
sie sucht
die **Süßigkeit,**
die Süßigkeiten

T t

die **Tasse,** die Tassen
tauchen, er taucht,
sie tauchte
der **Teig**
telefonieren,
er telefoniert,
ich telefonierte
das **Tier,** die Tiere
der **Tiger,** die Tiger
der **Tisch,** die Tische
toben, er tobt
toll
der **Topf,** die Töpfe
tragen, sie trägt
der **Traktor,** die Traktoren
der **Traum,** die Träume
träumen, sie träumt
das **Traumland,**
die Traumländer
traurig
treffen, er trifft,
wir treffen uns
treu
trinken, er trinkt,
wir tranken,
ich musste trinken
trocken
das **Trockenfutter**
der **Trog,** die Tröge
die **Tür,** die Türen
der **Turm,** die Türme
die **Turnhalle,**
die Turnhallen

U u

überall
überlegen, er überlegt
die Überraschung,
die Überraschungen
die Uhr, die Uhren
um
umrühren,
du rührst um
unbezahlbar
und
unser
unter
der Unterricht
der Urlaub

V v

sich verabreden,
sie verabredet sich,
ich verabredete mich
verbrennen,
sie verbrennt,
er verbrannte
verbringen,
er verbringt
sich verhalten,
sie verhält sich
sich verkleiden,
er verkleidet sich
vermischen,
sie vermischt
verreisen, du verreist
verschwinden,
sie verschwindet
versorgen, er versorgt
das Versprechen,
die Versprechen
verstecken,
er versteckt,
sie versteckten
sich verwandeln,
er verwandelt sich
verwirren, verwirrt
die Verwirrung,
die Verwirrungen
verzaubern,
sie verzaubert,
er verzauberte
verzieren, sie verziert
viel
der Vogelsand
die Vollkornflocke,
die Vollkornflocken
vom
vor
vorsichtig

W w

wachsen, es wächst
der Wald, die Wälder
die Wand, die Wände
wandern, sie wandert
wann
warm
warum
was
waschen, du wäschst
das Wasser
wecken, er weckt,
sie weckte
der Weg, die Wege
weglaufen,
er ist weggelaufen
die Weide, die Weiden
Weihnachten
der Weihnachtsbaum,
die Weihnachtsbäume
der Weihnachtswunsch,
die Weihnachts-
wünsche
weinen, sie weint,
er hat geweint
die Welle, die Wellen
der Wellensittich,
die Wellensittiche
wen
wenn
wer
das Wetter
wie
wieder
die Wiese, die Wiesen
der Wind, die Winde
der Winter, die Winter
wir
wissen, sie weiß,
ich wusste
wo
das Wochenende,
die Wochenenden
wohnen, sie wohnt
das Wohnzimmer,
die Wohnzimmer
die Wolke, die Wolken
wollen, sie will
das Wunderland,
die Wunderländer
der Wundervogel,
die Wundervögel
der Wunsch, die Wünsche
wünschen,
du wünschst,
sie wünscht sich
der Wurm, die Würmer

Z z

der Zahn, die Zähne
das Zauberland,
die Zauberländer
der Zaun, die Zäune
die Zeit
das Zelt, die Zelte
die Ziege, die Ziegen
das Ziel, die Ziele
das Zimmer, die Zimmer
der Zoo
der Zucker
der Zuckerguss,
die Zuckergüsse
zuerst
zufrieden
zuletzt
zum
zurück
zurückgeben,
sie gibt zurück,
er gab zurück
zusammen
zusammenkleben,
sie klebt zusammen
die Zutaten
zwischen

Lernzielübersicht: Schreiben – kinderleicht 3

Lerneinheit 1:
Von Ferienerlebnissen berichten (S. 3)

TEXTE PLANEN
- Tiernamen auf einem Bild benennen und aufschreiben
- Handlungen und Tätigkeiten aufschreiben
- Stichwörter zu einem Bild formulieren und aufschreiben

TEXTE AUFSCHREIBEN
- Zu einer Bildsequenz Stichwörter überlegen und notieren
- Eine Bildergeschichte aufschreiben (Erlebniserzählung)

TEXTE ÜBERARBEITEN
- Einen Text in der Ich-Form schreiben
- Einen Text durch Wechsel der Erzählperspektive überarbeiten

SCHMUCKBLATT
- Ein eigenes Ferienerlebnis malen und erzählen

Lerneinheit 2:
Märchen raten und erfinden (S. 9)

TEXTE PLANEN
- Sprüche aus verschiedenen Märchen den richtigen Märchenfiguren zuordnen
- Verschiedene Märchentitel notieren
- Sprüche und Personen in der Form der wörtlichen Rede aufschreiben (Einleitungssatz/Redesatz)
- Ein Märchentextpuzzle zusammensetzen (Dornröschen)
- Das Ende des Märchens aufschreiben

TEXTE AUFSCHREIBEN
- Das Märchen vom Froschkönig als Bildergeschichte aufschreiben
- Nach Stichwörtern eine neue Version des Märchens erfinden und schreiben

TEXTE ÜBERARBEITEN
- Eine vorgegebene Geschichte zu einem Märchen umschreiben (Angebot von Formulierungshilfen)

SCHMUCKBLATT
- Selbst ein Märchen erfinden und aufschreiben

Lerneinheit 3:
In Kunstwerken Geschichten entdecken (S. 15)

TEXTE PLANEN
- Zu einem Kunstwerk Ideen für Geschichten entwickeln
- Überschriften ausdenken und notieren
- Zu dem Bild eine Wortsammlung ergänzen (nach Nomen, Verben und Adjektiven)

TEXTE AUFSCHREIBEN
- Zu einem Kunstwerk eine Geschichte überlegen und aufschreiben
- Zu einem anderen Bild den Fortgang einer Geschichte schreiben (Weiterführen einer vorgegebenen Erzählperspektive)

TEXTE ÜBERARBEITEN
- Einen vorgelegten Text mit Hilfe der Ersatzprobe überarbeiten
- Den verbesserten Text aufschreiben

SCHMUCKBLATT
- Zu einem selbst gewählten Bild eine Geschichte erfinden und aufschreiben

Lerneinheit 4:
Ein Pfefferkuchenhaus bauen (S. 21)

TEXTE PLANEN
- Einen Einkaufszettel für den Bau eines Pfefferkuchenhauses zusammenstellen
- Mit Hilfe von Bildern Stichwörter zum Bau eines Pfefferkuchenhauses aufschreiben

TEXTE AUFSCHREIBEN
- Das eigene Pfefferkuchenhaus aufmalen
- Eine Beschreibung des Pfefferkuchenhauses anfertigen
- In einem Brief die Herstellung des Pfefferkuchenhauses beschreiben (Wechsel der Textsorte)

TEXTE ÜBERARBEITEN
- Eine ungenaue Anleitung zum Bau eines Pfefferkuchenhauses überarbeiten und verbessert aufschreiben

SCHMUCKBLATT
- Eine eigene Anleitung für Kinder aufmalen und schreiben

Lerneinheit 5:
Weihnachtswünsche sammeln (S. 27)

TEXTE PLANEN
- Aus einem Spielzeugprospekt Weihnachtswünsche notieren
- Weihnachtswünsche aufschreiben, die nicht mit Geld zu bezahlen sind (Hilfe durch Illustration)
- Mit Hilfe von Stichwörtern und Formulierungshilfen den Wunschzettel eines Kindes schreiben

TEXTE AUFSCHREIBEN
- „Unbezahlbare" eigene Wünsche malen
- Einen Wunschzettel mit den eigenen Weihnachtswünschen schreiben
- Weihnachtswünsche für Kinder aus anderen Teilen der Erde überlegen (Entwicklung von Empathieverhalten)
- Für eines dieser Kinder einen Wunschzettel schreiben

TEXTE ÜBERARBEITEN
- In einem Wunschzettel die Satzanfänge mit Hilfe von Formulierungsvorschlägen überarbeiten
- Den veränderten Text aufschreiben

SCHMUCKBLATT
- Einen Wunschzettel für Weihnachten schreiben

Lerneinheit 6:
Eine Sachkartei über Haustiere erarbeiten (S. 33)

TEXTE PLANEN
- Eine Erklärung für den Begriff Haustier überlegen und notieren
- Eine Liste von Haustieren anfertigen
- Freies Schreiben über ein bekanntes Haustier
- Das beschriebene Tier aufmalen

TEXTE AUFSCHREIBEN
- Einen Fragebogen für ein Haustier entwerfen (nach den Oberbegriffen: Aussehen, Ernährung, Pflege, Verhalten)
- Eine Karteikarte für ein beliebiges Haustier ausfüllen (Erarbeitung einer Sachkartei zum Thema Haustiere)

TEXTE ÜBERARBEITEN
- Eine Sachkartei mit treffenden Adjektiven überarbeiten (Bearbeiten eines Lückentextes)

SCHMUCKBLATT
- Eine Sachkartei zu verschiedenen, frei wählbaren Themen erarbeiten

Lernzielübersicht: Schreiben – kinderleicht 3

Lerneinheit 7:
Kalendergeschichten schreiben (S. 39)

TEXTE PLANEN
- Die Monate des Jahres in der richtigen Reihenfolge aufschreiben
- Die Monate den entsprechenden Jahreszeiten zuordnen und notieren
- Zu einigen Monaten charakteristische Dinge aufschreiben

TEXTE AUFSCHREIBEN
- Sprüche für die Monate des Jahres ausdenken und aufschreiben (Hilfe durch Illustrationen und Formulierungsvorschläge)
- Anwenden verschiedener Text- und Gestaltungsformen

TEXTE ÜBERARBEITEN
- In Monatssprüchen Reimwörter einfügen und aufschreiben

SCHMUCKBLATT
- Ein Kalenderblatt zu einem Monat gestalten mit Bildern und selbst gefundenen Sprüchen

Lerneinheit 8:
Ein Tagebuch führen (S. 45)

TEXTE PLANEN
- Sinn und Gestaltung eines Tagebuches verstehen
- Eine Tagebuchseite schreiben (Formulierungshilfe durch Satzanfänge)
- Verschiedene Möglichkeiten des Tagebuchschreibens miteinander vergleichen
- Eine Tagebuchseite mit Hilfe von Bildern zu Ende schreiben

TEXTE AUFSCHREIBEN
- Zu verschiedenen Ereignissen des Tages Notizen für das Tagebuch schreiben (Schreibhilfen durch Illustrationen)

TEXTE ÜBERARBEITEN
- Einen Tagebuchtext in die Vergangenheitsform setzen und überarbeitet aufschreiben

SCHMUCKBLATT
- Ein eigenes Tagebuch beginnen

Lerneinheit 9:
Eigene Ideen zu einem Buch aufschreiben (S. 51)

TEXTE PLANEN
- Erste inhaltliche Orientierung in der vorgelegten Ganzschrift
- Aufschreiben von Gedanken und Gefühlen, die die Hauptperson der Geschichte charakterisieren
- Weitere Informationen über den Fortgang der Geschichte entnehmen (Text- und Illustrationshilfen)
- Aufschreiben von Gedanken und Gefühlen der Gespenster-Carola

TEXTE AUFSCHREIBEN
- Einen Streich der Hauptperson schildern (Schreibhilfen durch Text und Illustrationen)
- Wörter aus der Geschichte verschlüsseln (Anwenden eines Gestaltungselementes aus dem Originaltext)

TEXTE ÜBERARBEITEN
- Einen vorgelegten Text mit Hilfe der wörtlichen Rede überarbeiten
- Den Text korrigiert aufschreiben

SCHMUCKBLATT
- Das eigene Lieblingsbuch vorstellen
- Eine Inhaltsangabe zum ausgewählten Buch schreiben